【…………心に響く3分間法話…………】

子どもに聞かせたい法話

仏の子を育てる会《ほとけのこをそだてるかい》

法藏館

まえがき

仏の子を育てる会　代表　藤枝宏壽

やよあか子汝《な》れはいずちの旅をへて

われを父とは生まれきませし　――吉川英治

「わが娘《こ》よ、お前はどのような旅を経て、この私を父という縁として生まれてきたのか」と詠われた吉川氏は、宿命《しゅくみょう》・いのちの歴史の不思議さを直観しておられます。どの子も親が「作った」いのちではありません。子は親の所有物ではなく、一人ひとりが実に不思議ないのちの歴史を経て、人間界に生まれ出てきたのです。しかも「仏になるために」というのが仏教の教え。だから、どの子も「仏の子」――大切に育てねばなりません。

このような願いから生まれたのが我々（真宗系三派）五カ寺の住職坊守ら十人が参加している「仏の子を育てる会」であります。結成後十年になりますが、日曜学校や仏教保育関係の現場における具体的なよい教材を整えることを目指して、次のような出版をしてきました。

①『ほとけのこ　いきいきカルタ』（永田文昌堂、二〇〇二年）
②『いのちを見つめる紙芝居』七巻（永田文昌堂、二〇〇七年）
③『心のしおり　子どもの法話』寄稿（福井新聞社、二〇〇八～二〇一二年）

福井新聞の「心のしおり」という宗教コラムに寄せられる法話は、たいてい大人向けですが、時には「子ども向け」の法話もよろしかろうという趣旨で、新聞社・後援者の協力の下、過去五年間、春秋二回の彼岸の時期に寄稿してきて、隠れた評価を得ています。

今回その中の三十八篇をまとめたものが、法藏館の「心に響く3分間法話」シリーズの一冊として刊行されることになりました。題材は筆者・時期によっていろいろ変化に富んでいます。いずれも「子どもの法話」として書かれたものですが、翻ってみれば人間は子どもも大人もみな「仏の子」です。どなたでもそれぞれの法話の意図するところをお読み取りいただき、特に子どもたちとのふれ合いの場で話題にしてくだされば幸甚です。

平成二十四年六月

目次

多数決ではだめ——29

いのちの重さ——49

いただきます

いただきます

幼稚園《ようちえん》で給食《きゅうしょく》が始《はじ》まろうとしています。

「さあ、みんなで『いただきます』を言《い》いましょう」と先生が言うと、

「先生、なんで『いただきます』って言うのですか」とけんた君《くん》が聞《き》きました。

「それはね、給食のおばさんたちが一生懸命《いっしょうけんめい》作《つく》ってくださったから、ありがとう、いただきますと言うのよ」

「でも先生、このあいだうちのママ、給食費《ひ》六千円を持《も》ってきたよ」とけんた君。

「ええっ」

先生は答《こた》えられません。すると住職《じゅうしょく》である園長《えんちょう》先生が出てきて、

「けんた君、ママはお金《かね》を払《はら》っていないよ」と言います。

「ボク嘘《うそ》言わないよ。払ってたってば」とけんた君は怒《おこ》ります。

「それじゃ、けんた君、君《きみ》の前においしそうなお魚《さかな》がお皿《さら》に載《の》っているけど、ママはそのお魚にいくらお金を払ったかな」

「えぇっ。ボクそんなこと知らないよ」

「そうだろう。知らないはずだよ。お魚は一円ももらっていないよね。それなのに、自分のいのちをさしだして、さあ、この身《み》を食《た》べて大きくなってちょうだいと言っているんだよ。その尊《とうと》いいのちにありがとう、いただきますと言うんだよ。お肉《にく》も、お米《こめ》も同《おな》じだよ。みんな生きているいのちを、私たちはいただくのだ。なぜ『いただきます』と言うかわかったかね」

「うん、わかった、尊いいのちに、『いただきます』って言うんだね。先生ありがとう」

そしてみんなは手を合わせ、大きな声で「いただきます！」と言って、給食を食べ始めました。


このお話《はなし》を波佐間正己師《はさましょうきし》の法話《ほうわ》で聞いて、大変感動《たいへんかんどう》しました。特《とく》に、魚は一円ももらっていない。お金は全部《ぜんぶ》、人間《にんげん》が取っているのだと言われてぞっとしました。

（藤枝宏壽）

悲しみがわかる

タロウのおじいちゃんが、山で子ギツネを二匹《ひき》捕《つか》まえてきました。そして、「動物園《どうぶつえん》を作ってあげる」と、キツネを入れる「おり」を作りました。タロウもおじいちゃんも大満足《だいまんぞく》でした。

ところが次《つぎ》の日の朝、おりのまわりに白い毛がいっぱい落《お》ちているではありませんか。

「なぜ？」と思ったタロウとおじいちゃんは、その日の夜、そっと窓《まど》からおりをのぞいてみました。すると、なんと、お母さんギツネがおりにくっついているではありませんか。中から子ギツネが、お母さんのお乳《ちち》を吸《す》っています。

「しめしめ、動物園が大きくなるぞ」とおじいちゃんは、お母さんギツネを捕まえる仕《し》掛《か》けをしました。

次の日の朝です。

「タロウ、たいへんだ。おりの柵《さく》が開《あ》けられて、子ギツネが逃《に》げてしまった」

耳もとでおじいちゃんが叫《さけ》ぶのに、タロウはぐうぐういびきをかいていました。でもそれは嘘眠《うそねむ》りでした。なぜなら、タロウの口もとが笑《わら》っていたのです。

（花岡大学「タロウの動物園」の要約）

やさしいおじいちゃん。でもタロウ君《くん》がすばらしいですね。キツネの悲《かな》しみがわかったタロウは、もっともっとすばらしいではありませんか。

「悲しみがわかる」――それが仏《ほとけ》さまの心です。

（佐々木俊雄）

命の代表選手

自分の「命《いのち》」のことを少し考えてみましょう。

私《わたし》たちは今、生きています。生きているということは、命があるということです。それではこの命は、誰《だれ》からもらったのでしょう。そう、お父さん・お母さんからいただいた命なのです。でもそのお父さんやお母さんにもそれぞれ両親《りょうしん》の命がありました。私たちからいうと、四人のお爺《じい》ちゃん・お婆《ばあ》ちゃんの命です。そのお爺ちゃん・お婆ちゃんにも、それぞれ両親の命がありました。つまり私たちからいうと、八人の大爺ちゃん・大婆ちゃんの命があったわけです。こんなことを計算機《けいさんき》で二十八回繰《く》り返《かえ》すと、私一人の命の誕生《たんじょう》のために、一億三千四百万人をはるかに超《こ》える祖先《そせん》の人たちの命が必要《ひつよう》だったことになります。なんと、現在《げんざい》の日本の人口に近い数です。

いやいや、これだけで驚《おどろ》いてはいけません。私たちは今日まで、無数《むすう》の命を食べてきました。米・野菜《やさい》・果物《くだもの》・卵《たまご》・魚・肉、みんな動《どう》・植物《しょくぶつ》の命なのです。しかも私が食べた命だけが、私の命になっているのではありません。両親・お爺ちゃん・お婆ちゃんはもちろん、無数の祖先が食べた無数の命までもが、私の誕生のために必要な命だったのです。

こんなことを考えると、私の命は私だけのものではなく、私は無数・無限《むげん》・無尽《むじん》の「命の代表《だいひょう》選手《せんしゅ》」として、人生というトラックを走っているのです。頑張《がんば》らなければなりません。

もちろん、人をいじめるなど、絶対《ぜったい》ダメです。その子も「命の代表選手」なのですから。


（安野龍城）

チュン、チュン

ある朝、本堂《ほんどう》に行くと、一羽《わ》の子雀《こすずめ》がうずくまっていました。窓《まど》から飛《と》び込《こ》んできて、出ようとしたときに頭をぶつけたのでしょう。

寒《さむ》い日だったので、私《わたし》は深《ふか》い箱《はこ》にボロ布《ぬの》を敷《し》き、子雀を置《お》きました。水と餌《えさ》も置いておきました。時々覗《のぞ》くと、水を飲《の》んでいます。「これは助かるかもしれないぞ」と思いました。午後になると「チュン、チュン」と大きな声で鳴くようになりました。親を呼《よ》んでいるのだなと思い、浅《あさ》い箱に移《うつ》しかえて、中庭《なかにわ》の隅《すみ》に出《だ》してやりました。しばらくして子雀は、パタパタッと少し飛べるようになりました。

翌日《よくじつ》、子雀は少し広いところに出て「チュン、チュン」と鳴きます。すると軒先《のきさき》からも「チュン、チュン」と返《かえ》ってきます。そうです！　親雀の声です。親雀は時々、虫を銜《くわ》えて降《お》りてきて子雀にやっています。子雀は日に日に高く飛べるようになり、六日目の昼、私の目の前でパタパタパタパタパタッと空に向《む》かって飛んで行きました。よかったですね！

子雀は親雀からはぐれてどんなに心細かったことでしょう。親雀もどれだけ心配《しんぱい》したことでしょう。二日目に親雀の「チュン、チュン」という声が返ってきたとき、子雀はどれほど嬉《うれ》しかったことでしょう。小さな生《い》き物《もの》でも知恵《ちえ》があるものです。どんなに助《たす》けたいと思っても、背負《せお》って飛ぶことのできない親雀は、餌を与《あた》え、「チュンチュンチュン」と励《はげ》まし続《つづ》け、子雀はついに飛んでゆくことができました。

私たちも私の人生は私の足で歩んでゆくほかありません。いろいろなことにぶつかり、挫《くじ》けそうになることも一度《いちど》や二度《ど》ではありません。でも、仏《ほとけ》さまは、「お前の苦《くる》しみは、私の苦しみ、お前の悲しみは、私の悲しみ」と、常《つね》に私を見つめ、私と共《とも》に歩み、「私がいるよ！　安心《あんしん》しなさい！」と、呼びかけてくださっているのです。

私が「ナモアミダブツ」と仏さまを呼ぶ声は、そのまま仏さまが私を呼んでくださる声でもあるのです。

私は、「お念仏に出遇《であ》わせていただいて本当によかったなあ！」と、しみじみ思うのです。

（北條紘文）

歩くカラス

皆《みな》さんは鳥《とり》が歩《ある》いているのを見たことがありますか。鳥は飛《と》ぶよりも歩く方が楽《らく》なのだという話をききました。ですから、飛ばなくてもいいときには、できるだけ歩きまわるのだそうです。

この夏、私《わたし》の家のまわりには十数羽《わ》のカラスが毎日歩きまわっていました。何をしているのだろうとよく見ていると、カラスは、地面《じめん》の中からはい出てくるセミの幼虫《ようちゅう》を待《ま》ちかまえ、かたっぱしから食べていたのです。ですから家のまわりには、セミが出てきた穴《あな》がたくさんあるのに、セミの鳴《な》き声はほとんど聞かれませんでした。「ミーンミーン」とか「カナカナ」という声があまり聞こえない、さみしい夏でした。

セミは、何年もの長い間、地面の中にいて、やっと地上に出て、羽化《うか》してセミになっても、せいぜい十日ほどのいのちだそうです。その十日ほどのいのちが、カラスに奪《うば》われてしまうのです。「かわいそうなセミ、にくたらしいカラス」と私たちはすぐに思ってしまいます。

しかし、カラスには「セミ殺《ごろ》し」などという罪《つみ》を犯《おか》したという気はまったくないでしょう。きっと餌《えさ》不足《ぶそく》の中で、生きるためにセミの幼虫を待ちかまえるようになったのだと思います。

実《じつ》は、そんなカラスと同じことをしているのが人間なのです。直接《ちょくせつ》手をくだすことはないけれども、動物《どうぶつ》や植物《しょくぶつ》のいのちを奪《うば》って生きているのです。ただ、カラスと違《ちが》うのは、人間はそのことに気づくことができるということです。

そのとき、私たちの口から「ありがとう」「ごめんなさい」「いただきます」の声が出て、そして手を合わせる心が生まれてくるのです。

皆さん、食事《しょくじ》のときにはかならず手を合わせて、みんなで「いただきます」をしましょう。

（佐々木俊雄）

ギンギンぎらぎら

ギンギンぎらぎら
夕日がしずむ
ギンギンぎらぎら
日がしずむ
（葛原しげる作詞「夕日」）

と始《はじ》まる歌《うた》があります。西に沈《しず》む夕日に照《て》らされて、「みんなのお顔《かお》もまっかっか」です。

この夕日は、お彼岸《ひがん》になると、ちょうど西の真《ま》ん中に沈《しず》みます。西の方向《ほうこう》は、仏《ほとけ》さまの国。夕日はその真《ま》東の門に向《む》かうのだそうです。

だから「彼岸」というのは仏さまの国のことなのです。そこにはいつも美《うつく》しい花が咲《さ》き、きれいな鳥《とり》が鳴《な》いていて、いやなことがひとつもありません。それは仏さまの心が清《きよ》らかであるからです。

心が濁《にご》っていると、わがままをしたり、嘘《うそ》をついたり、人をおしのけたりして、いつも喧嘩《けんか》が絶《た》えず、泣《な》いたり、恨《うら》んだりすることになります。

皆さんは、どちらの世界《せかい》がいいですか。清らかな世界？　それとも濁った世界？

皆さんが、保育所《ほいくしょ》や幼稚園《ようちえん》、そして学校に行くのは、清らかな、美しい心の人になって、みんなと仲《なか》よく、楽《たの》しく勉強《べんきょう》したり、遊《あそ》んだりするためでしょう。でも、ときどき自分の中に濁った心がおきることがありませんか。悲《かな》しくなったり、腹《はら》が立ったりするときがありませんか。

そしたら、あのギンギンぎらぎらの夕日を思い出《だ》してください。仏さまの清らかな国の光にあうと、濁った心も、まっかっかになります。

「彼岸」とは、誰《だれ》もが行きたいと思う美しい世界なのです。ご先祖《せんぞ》さまもその仏さまの国から皆さんを見守《みまも》っていてくださいます。

さあ、お彼岸にはお寺やお墓《はか》にお参《まい》りし、仏さまの美しい国を心に思い浮《う》かべて「ナムアミダブツ」と称《とな》えましょう。

お念仏《ねんぶつ》を称えるといつでも美しい国の光が心の中に明るく見えてきますよ。

（藤枝宏壽）

仏さまの願い

青いお空のそこふかく、海の小石のそのように、
夜がくるまでしずんでる、昼のお星はめにみえぬ。
　見えぬけれどもあるんだよ、
　見えぬものでもあるんだよ。
ちってすがれたたんぽぽの、かわらのすきに、だァまって、
春のくるまでかくれてる、つよいその根は、めにみえぬ。
　見えぬけれどもあるんだよ、
　見えぬものでもあるんだよ。

（金子みすゞ「星とタンポポ」『わたしと小鳥とすずと』ＪＵＬＡ出版局）

　私《わたし》たちは眼《め》に見えるものでなければなかなか確《たし》かなものとは思えませんね。でも、たとえば今、地球《ちきゅう》の温暖化《おんだんか》で北極《ほっきょく》の氷《こおり》が溶《と》けて、白熊《しろくま》の生存《せいぞん》が脅《おびや》かされていますが、白熊の悲《かな》しみは心の眼があれば見えますよね。

人も動物《どうぶつ》も鳥や魚や虫も、すべて命《いのち》あるものが、自分とそして身近《みぢか》なものの命を大切に思い、一生懸命《いっしょうけんめい》生きていることも、心の眼があれば、見ることができます。

しかし、この心の眼は曇《くも》りやすく、見えにくくなることがあります。

お釈迦《しゃか》さまは、それには三つの原因《げんいん》があると教えておられます。

一つは、欲《よく》の心です。人間には誰《だれ》しも欲望《よくぼう》・願《ねが》いがあることは当然《とうぜん》ですが、正しい努力《どりょく》をしないでむやみに欲《ほ》しがったり、欲望のとりこになったりすれば、心の眼は曇ってしまいます。

二つには怒《いか》りの心です。何かに腹《はら》を立てて心が穏《おだ》やかでなくなれば、本当のことは見えなくなってしまいます。

三つには愚《おろ》かな心です。結果《けっか》だけにこだわって、失敗《しっぱい》から学ぼうとしなかったり、物事《ものごと》を後《うし》ろ向《む》きにしか考えられない心です。その場合も心の眼を失《うしな》います。

そして、一番「見えぬけれどもある」もの。それは「仏《ほとけ》さまの願い」です。仏さまは「すべての命あるものが、皆幸《みなしあわ》せになるように」と願っていてくださるのです。


（北條紘文）

ムカデ競走

ある小学校にY君という体の大きい男の子がいました。大きいだけでもみんなはビクビクしているのに、力も強く、乱暴《らんぼう》でわがままですから、とってもこわがられていました。

秋です。運動会《うんどうかい》が近づいてきました。四人ひと組になって右足首、左足首をそれぞれ紐《ひも》で結《むす》んで走るムカデ競走《きょうそう》をすることになりました。Y君はM君・T君・S君とチームを組むことになり、毎日放課後《ほうかご》、練習《れんしゅう》が始《はじ》まりました。もちろんY君が先頭です。

「さあ行くぞ。それ、一、二、一、二」

でも三歩も進《すす》まないうちに倒《たお》れてしまいます。

Y君はうしろをにらみながら「おまえら、ワシに足を合わせんか！　一等《いっとう》にならんかったら、ただでは済《す》まんぞ！」

しかし、何日練習しても同じでした。Y君はそのことを家で、ポツリとお爺《じい》ちゃんにこぼしました。するとお爺ちゃんは、にっこり笑《わら》いながら、

「そりゃあ、体の一番小さい、足の力も弱いS君を先頭にして、お前は一番最後《さいご》や。そ

してS君の声に合わせると、きっとうまくいくよ」

と教えてくれました。

運動会の当日、朝たった一回練習しただけなのに、Y君チームは一度《いちど》も転《ころ》ぶことなく、見事《みごと》一等になりました。S君がY君に、

「Y君、ありがとう。僕《ぼく》生まれて初《はじ》めて一等になったの。ありがとう」

と言うので、Y君は照《て》れくさくて、はにかみながら頭をかくだけでした。

その日の夜、Y君が家でお爺ちゃんにそのことを話すと、お爺ちゃんは、

「人間は自分だけうまくやろうとしてもダメ。みんな仏《ほとけ》さまの子ども。仏さまになるべき命《いのち》をいただいて生まれてきたきょうだいや。だからみんな仲《なか》よく、助《たす》け合い、協力《きょうりょく》し、尊敬《そんけい》せないかんよ。とくに弱い者《もの》に目をかけてやることだね」

と目を細めます。

Y君は、こっくりうなずいて聞いていました。


（安野龍城）

名前

月曜日は、幼稚園《ようちえん》で今週お誕生日《たんじょうび》を迎《むか》える子どもたちの誕生会があります。「おまいり」の後、先生が「お誕生会を始《はじ》めます」と言うと、胸《むね》にリボンをつけた子どもたちは、冠《かんむり》をかぶせてもらい、にこにこ顔になって、ステージの上に並《なら》びます。その日は、四つのクラスから五人の子どもたちが出てきました。どの子も本当にうれしそうです。

一人ずつ、名前と生年月日、いくつになったかを自分で言って、仏《ほとけ》さまにお花をあげ、「たんたんたんたん誕生日。〇〇ちゃんの誕生日」と、皆《みな》で歌を歌ってもらい、「おめでとう」「ありがとう」と言い交《か》わします。

それだけのことなのですが、こんなにも子どもたちは、自分の名前を皆に呼《よ》ばれることがうれしいのだなと思います。名前には、親の願《ねが》いがこめられています。幸《しあわ》せになるように、健康《けんこう》に育《そだ》つように、美《うつく》しくなるようになど、そうした親の願いが伝《つた》わって、名前を呼ばれることがこんなにもうれしいのかなと思います。

「名」という漢字《かんじ》はどのようにしてできたと思いますか。「夕」と「口」とが合わさってできているのです。夕方になると顔がわからなくなるので、お互《たが》いに名のりあうことからできたそうです。

私《わたし》は、このような情景《じょうけい》を思い浮《う》かべるのです。今まで夢中《むちゅう》で外で遊《あそ》んでいた子に、暗《くら》くなったので、お母さんが「〇〇ちゃん、帰っていらっしゃーい」と大声で呼んでくださる声です。

たとえ他の子と同じ名前であったとしても、「〇〇ちゃん」は、その子にとっても、親にとっても、世界《せかい》でただ一つの名前なのです。かけがえのない存在《そんざい》であることを、名前は示《しめ》しているのです。

「ナモアミダブツ」という呼び名は、アミダ仏《ぶつ》という仏《ほとけ》さまが「お前のことを決して見《み》捨《す》てないよ。私の名前を呼びなさい」と私に授《さず》けてくださった、かけがえのない呼び名なのです。「ナモアミダブツ」と呼んでごらんなさい。仏さまは、いつも私たちのそばにおられますよ。


（北條紘文）

多数決ではだめ

多数決ではだめ

健吾《けんご》君は中学一年生です。今日は一限目《げんめ》に国語のテストがあるので、学校に向《む》かって懸《けん》命《めい》にペダルをこいでいました。

途中《とちゅう》、自《じ》動車《どうしゃ》が異常《いじょう》なかたちで止まっています。不審《ふしん》に思って近づくと、何と、車は電《でん》柱《ちゅう》に激突《げきとつ》し、中で男の人が顔《かお》をゆがめて苦《くる》しんでいます。健吾君は「大変《たいへん》、大変」と近くのお店にかけ込み、一一九番に電話を頼《たの》みました。そして再《ふたた》び現場《げんば》にもどり「しっかり！」と叫《さけ》びながら救急《きゅうきゅうしゃ》車を待《ま》ちました。その待ちどおしかったこと。やっと来た救急隊員《たいいん》は、車の中の男の人を助《たす》け出し、「骨折《こっせつ》だな、大丈夫《だいじょうぶ》。がんばれ！」と呼《よ》びかけ、搬《はん》送《そう》していきました。

健吾君が学校に着《つ》いたとき、一限目は終《お》わりかけていました。「テストはもう無理《むり》だな」とつぶやきながら教室へ入ると、そこでは通常《つうじょう》の授業《じゅぎょう》が行われていました。先生は、健吾君がしたことを知っていました。お店の人が、学校にも連絡《れんらく》してくれていたのです。そして、テストは、二限目にくり下げられていたのです。

でもクラスでは、「みんなに迷惑《めいわく》をかけないために、すぐ学校へ来るべきだった」「いや、健吾君の気持《きも》ち、よくわかる。僕《ぼく》もそうしたと思う」「わかるけど、健吾君だけ別《べつ》にテストをやればよかった。やっと暗記《あんき》したのに忘《わす》れてしまう」「どれが正しいか、多数決《たすうけつ》で決《き》めればよい」などの意見《いけん》が出ました。

そのとき先生は、「意見をまとめるのならわかるが、善《よ》いか悪《わる》いかは、多数決では決められないんだ。先生は、健吾君の行動《こうどう》を大事《だいじ》にして、テストをくり下げたんだよ」と言われました。

「善いか悪いかは、多数決では決められない」。健吾君は「五百匹《びき》の猿《さる》がいて、たった一匹だけに両目《りょうめ》があり、他《ほか》の四百九十九匹は、どうした訳《わけ》か片目《かため》しかない。『目が二つもある』といじめられた両目の猿は、自分で片目をつぶしてしまった」という日曜学校で聞いたお話を思い出《だ》していました。

（佐々木俊雄）

はんがん

皆《みな》さんは片目《かため》をつむって片足《かたあし》でどれくらい立っていられますか。けっこう難《むずか》しいものです。

片目は両目《りょうめ》の半分《はんぶん》ですが、もう一つ半分の目があります。仏《ほとけ》さまの「半眼《はんがん》」です。京都《きょうと》・広隆寺《こうりゅうじ》の弥勒菩薩《みろくぼさつ》を写真《しゃしん》などで見たことのある人は知っているでしょうが、皆さんのお寺やお仏壇《ぶつだん》の仏さまの両眼《りょうがん》をよくごらんなさい。どちらも半分しか開《ひら》いていないでしょう。

それには訳《わけ》があります。半分は外の世界《せかい》、人間の苦《くる》しみ悩《なや》んでいる姿《すがた》を見ておられ、あと半分の眼《め》で人々を助《たす》けるにはどうしたらよいかとわが内を見ておられるのです。半分は外を見、半分は内を見る、これが仏さまの半眼です。

ところが、人間はふつう外ばかり見ています。たしかに外もしっかり見ないといけません。信号《しんごう》などとくにそうです、交通事故《こうつうじこ》になりますから。それに他人《たにん》のこともよく見るでしょう。人がずるいこと、悪《わる》いことなどをしたら、すぐに見つけて攻撃《こうげき》します。

しかし、自分のこと、自分の心の内はどうでしょう。自分にも悪い心がありますが、それをどれほど見ているでしょう。自分の内側《うちがわ》はあたりまえにしていて、ほとんど中を見ていないのではないでしょうか。

やはり仏さまのように、外も内もしっかり見ることのできる子どもになりましょう。それには朝晩、仏さまにお参《まい》りをすること、そして仏さまのお顔、半眼をよく拝《おが》み、「なむあみだぶつ」と称《とな》えることです。きっと半眼のお心がわかるでしょう。

というのは、「あみだぶつ」というのは「ひかりといのちきわみなき仏」という意味《いみ》ですから、その「光」をいただく（「なむ」する）のが、内を見ることになるからです。

（藤枝宏壽）

電気さんてどこ？

コタツに入って、おやつのケーキを食べている大ちゃんのいつもの口ぐせ「なんで？」

「どうして？」が始《はじ》まりました。

大「婆《ばあ》ちゃん、なんでこのケーキ冷《つめ》たいの？」

婆「冷蔵庫《れいぞうこ》に入れておいたからだよ」

大「冷蔵庫に入れておくと、なんで冷たくなるの？」

婆「電気さんが冷たーく冷《ひ》やしてくれるんよ」

大「えーっ、婆ちゃんさっきコタツはなんで熱《あつ》いの？って聞いたら、電気さんが熱くするって言ったでしょう。電気さんは熱くするだけじゃなくて、冷たくもするの？」

婆「そうやー。いやいや、熱くしたり冷たくするだけじゃないよ。電子《でんし》レンジでお料理《りょうり》もするし、電車だって走らせるのよ。あーっ、この間雷《かみなり》が鳴って停電《ていでん》になったでしょう。電気がつかなくて家中真《ま》っ暗《くら》。コタツもファンヒーターも電気毛布《もうふ》も全部《ぜんぶ》ダメで、寒《さむ》かったね。アンパンマンのビデオも見られず、大ちゃんもう泣《な》きそうだったよ」

大「うん、とっても暗くて寒くてこわかった」
婆「でも雷さんのおかげで、電気さんがいろんなお仕事《しごと》をしていたことがわかったね」
大「うん、でも電気さんてどこにいるの？　いっぺん見たいな。どこ？　どこにいるの？」
婆「あのね、大ちゃん。電気さんは見えないの。見えないけど、ちゃーんとあるの。いっぱい大事なお仕事をしているでしょ。電気さんて、仏《ほとけ》さまみたいやね。見えないけどちゃんと働《はたら》いていてくださる。婆ちゃんがニコニコしているのも、大ちゃんがお手手合わせるのも、仏さまの電気が届《とど》いているからやね」
大「ふーん」

そんな見えない仏さまのことを、はっきりわかるように教えてくださったのが、お釈迦《しゃか》さまです。

四月八日は花まつり。みんなでお釈迦さまのお誕生《たんじょう》をお祝《いわ》いしましょう。

（安野龍城）

三人の盗賊

昔《むかし》インドに、悪知恵《わるぢえ》のある三人の盗賊《とうぞく》がいました。あるとき、三人は大金持《おおがねも》ちの長者《ちょうじゃ》の家に押《お》し入《い》り、長者も家族《かぞく》も召使《めしつか》いも全員《ぜんいん》を縛《しば》り上《あ》げ、莫大《ばくだい》な金貨《きんか》と食料《しょくりょう》を奪《うば》って山の砦《とりで》に戻《もど》りましたが、やがて食《た》べ物《もの》がなくなってきました。そこで、くじを引いて、一人が山を下り、役人《やくにん》にみつからないように、食料を求《もと》めて出かけました。

その留守《るす》の間に二人の盗賊が相談《そうだん》しました。

「おい、あいつが帰《かえ》ってきたら、バッサリ斬《き》り殺《ころ》してしまえ。そうすれば、沢山《たくさん》の金貨は二人で山分《わ》けできるぞ」

町に下りた盗賊が、食べ物とお酒《さけ》とを持って山道を登《のぼ》ってきたとき、岩陰《いわかげ》から二人の盗賊が刀を抜《ぬ》いて襲《おそ》いかかり、殺してしまいました。

「うまくいったぞ。さあ、二人で金の山分けだ。いや、その前にこいつが買《か》ってきた酒を飲《の》んで、前祝《まえいわ》いをしよう」

そう言って二人の盗賊が酒を飲み交《か》わしたとたん、二人とも血《ち》へどを吐《は》いて死《し》んでしまいました。

酒の中には、毒《どく》が入れてあったのです。実《じつ》は、町に下りた盗賊も、毒酒《どくざけ》で二人を殺し、金貨をひとり占《じ》めしようとたくらんでいたからです。

こうして、盗賊は三人とも死んでしまいました。

その因《もと》（または原因《げんいん》）は何《なん》だったのでしょうか。

自分が得《とく》をするためどうにかして人をはねのけようと考えることを悪知恵といいます。しかし、盗賊たちの悪知恵は結局《けっきょく》、自分の身《み》を滅《ほろ》ぼすことになりました。同じ頭を使《つか》っても、こういう悪知恵に頭を使うのは、本当に頭がよいといえるでしょうか。

仏《ほとけ》さまは、こういう悪人《あくにん》は「苦《くる》しみから苦しみに入り、闇《やみ》から闇に入る」と言われ、善《ぜん》人《にん》は「楽《らく》より楽に入り、明るい世界《せかい》から明るい世界に入る」と言われています。

さて、皆《みな》さんは、どのように頭を使いますか。善のためにですか、悪のためにですか。よくよく考えてみましょう。ここが本当の頭の使いどころです。

（藤枝宏壽）

月のうさぎ

お月さんの中に兎《うさぎ》のような模様《もよう》が見えるのを知っていますか。お月さんを見るといつも思い出すお話をしましょう。

昔々《むかしむかし》インドの国にやさしい心をもった兎と狐《きつね》と猿《さる》が森に住《す》んでいました。三匹《びき》はとてもなかよしでした。

ある日のこと三匹が森で遊《あそ》んでいると、一人の旅人《たびびと》がよろよろと歩いてきました。旅人は、兎と狐と猿の目の前で「お腹《なか》がぺこぺこだ」と言って、ふらふらと倒《たお》れこんでしまいました。

驚《おどろ》いた猿は高い木に登《のぼ》り木の実《み》を取《と》って、「どうぞ、これを食べて元気になってください」とさしだしました。狐は、川原へ行き魚を捕《と》ってきて「どうぞ、これを食べて元気になってください」とさしだしました。兎も一生懸命《いっしょうけんめい》あちこちをさがしましたが何も見つかりませんでした。

「わたしは何もあげられない。どうしたらいいのだろう」

兎は悲《かな》しくなりました。そしてどうしても旅人を助《たす》けたいと考えた兎は、狐と猿に「お願《ねが》いです。たきぎを集《あつ》めて火をおこしてください」と頼《たの》みました。狐と猿は言われたとおり、たきぎを集めて積《つ》み上《あ》げ、火をつけました。

兎は晴《は》れやかな顔で言いました。「わたしがさしあげられるのはこの体だけです。どうぞ、召しあがってください」。そう言うと、兎は真《ま》っ赤《か》に燃《も》える火の中に飛《と》びこみました。

そのときです。旅人の姿《すがた》は消《き》え、帝釈天《たいしゃくてん》（インドの神《かみ》さま）が現《あらわ》れました。

「兎よ、おまえは自分の身《み》を投《な》げ捨《す》てて、困《こま》った人を救《すく》おうとした。この立派《りっぱ》な行いを世界《せかい》の人がいつまでも忘《わす》れないようにしておこう」と言って兎を月へと昇《のぼ》らせ、兎が火の中に入った姿を月の中に写《うつ》したのでした。

昔々の仏教《ぶっきょう》のお話です。

今夜も、お月さまを見ると、きっとうさぎの姿が見えるでしょう。月旅行《りょこう》が夢《ゆめ》でなくなった今でも、お月さまを仰《あお》ぐと思わず手を合わせてしまうのは不思議《ふしぎ》ですね。お釈迦《しゃか》さまもきっとこの月の光を尊《とうと》んでおられます。

（下川達江）

あじさいとかたつむり

福井県勝山市《ふくいけんかつやまし》の奥地《おくち》から恐竜《きょうりゅう》の化石《かせき》が発見《はっけん》されています。恐竜は、中生代《ちゅうせいだい》という大昔《おおむかし》に生きていた、大きな爬虫類《はちゅうるい》の動物《どうぶつ》でした。かれらは、その後の激《はげ》しい地殻《ちかく》の変動《へんどう》や、気候《きこう》の変化《へんか》の中で、死《し》に絶《た》えていったのです。

皆《みな》さんは、「あじさい」という花で、どんな生き物を連想《れんそう》しますか？……そう、「かたつむり」ではないでしょうか。

もう五年ほど前のことです。近くの小学校の児童《じどう》が、私《わたし》の寺へかたつむりを採取《さいしゅ》にやってきました。きっと理科の観察《かんさつ》のためだったのでしょう。私の寺には、約《やく》百株《かぶ》のあじさいの大株《おおかぶ》があるのですが、一時間ほどかけて、やっと十匹《ぴき》ほどをつかまえ、嬉々《きき》として帰っていきました。

もうすぐ夏休みというころ、あじさいのところが賑《にぎ》やかなので近づいてみると、児童たちが、かたつむりを返しにきているのでした。先生のご指導《しどう》なのか、児童たちが自分からそう思ったのかはわかりませんが、用の済んだ動物の「いのち」を大事《だいじ》にするという、その心のすばらしさに、私は涙《なみだ》がこぼれました。そして、かたつむりに代《か》わって「ありがとう」と言いました。

今年、私は気をつけてあじさいを見てまわりましたが、かたつむりは、たったの二匹しか発見できませんでした。死に絶え寸前《すんぜん》。あじさいの枝《えだ》が異常《いじょう》に折《お》れているので、カラスの餌《え》じきになったのかもしれませんが、恐《おそ》らく、農薬散布《のうやくさんぷ》の影響《えいきょう》が主《おも》ではないでしょうか。

これは、恐竜の場合とは違《ちが》い、人間の行為《こうい》の結果《けっか》です。自分の都合《つごう》を優先《ゆうせん》する人間の行為の裏《うら》で、多くの「いのち」が奪《うば》われているのです。

周《まわ》りの「いのち」にこころを向けるやさしさ、それは仏《ほとけ》さまのこころです。今、とても大切なこころです。

（佐々木俊雄）

練習は嘘をつかない

甲子園《こうしえん》で勝利《しょうり》した高校野球《やきゅう》の監督《かんとく》が、試合終了《しあいしゅうりょう》後のインタビューのとき、こんな話をしていました。

アナウンサー「あの勝負《しょうぶ》を決《けっ》する大事《だいじ》な時に、なぜあの選手《せんしゅ》を代打《だいだ》に送《おく》ったのですか」

監督「あの子はうちのチームの中で、一番よく練習《れんしゅう》するんです。私《わたし》は練習は嘘《うそ》をつかないという言葉《ことば》が好《す》きなんです。あの子は必《かなら》ず何かやってくれると信《しん》じていました」

監督の横《よこ》のお立ち台で、恥《は》ずかしそうに汗《あせ》を拭《ふ》きながらインタビューを受《う》けている小柄《こがら》な選手は、きっと真夏《まなつ》の炎天《えんてん》も冬の寒《さむ》さもものともせず、人一倍黙々《ひといちばいもくもく》と練習に打《う》ち込んできたのでしょう。

世界一《せかいいち》のホームランバッターになった王貞治《おうさだはる》監督も、夜の素振《すぶ》りで家中の畳《たたみ》がボロボロになったとか聞きました。イチロー選手も、皆《みな》の見えないところで世界一の練習をしているはずです。野球選手だけではありません。サッカー選手も水泳《すいえい》選手もお相撲《すもう》さんも皆同じです。スポーツだけではありません。習字《しゅうじ》もピアノも、そして勉強《べんきょう》も同じでしょう。厳《きび》しい練習や勉強をしない者《もの》が、いきなり甲子園でヒットを打ったり、演奏会《えんそうかい》の大舞台《おおぶたい》で堂々《どうどう》とピアノを弾《ひ》いたり、難関校《なんかんこう》に合格《ごうかく》することはありません。皆つらく厳しい練習や勉強の成果《せいか》なのです。

「練習は嘘をつかない」

やれば、やっただけのことは必ずあります。練習に楽な練習、手抜《てぬ》きの練習はありません。

手を合わせて仏《ほとけ》さまを拝《おが》むことも、お寺で仏さまの教えを聞くことも、人間らしく生きるための大事な練習かもしれません。正座《せいざ》すると少々足が痛《いた》いかもしれないし、聞いていると少々眠《ねむ》いかもしれない。しかし合掌《がっしょう》する練習、仏さまの教えを聞く練習は、必ずこれからの永《なが》い人生の肝心《かんじん》な時に、見事《みごと》な素晴《すば》らしい花を開《ひら》いてくれるはずです。

（安野龍城）

やきいも

以前《いぜん》に、日曜学校で五年生の理恵子《りえこ》さんが書いた作文を紹介《しょうかい》します。

わたしは、Aさんに手紙を書いています。Aさんも書いてくれます。Aさんは老人《ろうじん》ホームにいます。前に日曜学校から慰問《いもん》に行った時、ハガキをあげたら、何日かして返事《へんじ》をくれたのです。だからうれしくなって、手紙を書きました。それから手紙が続《つづ》いたのです。

だいぶ手紙を書いた時です。学校で落《お》ち葉《ば》でいもを焼《や》いて、食べていたとき、あまりおいしかったので、わたしが「Aさんにもあげたい」と思いました。でも先生が「ここで食べるだけにしなさい」と言われたので、あげられなかったことをハガキに書いて出《だ》したら、いっぱいのお菓子《かし》と、『母をたずねて』という本をくれました。とてもうれしくて、なみだが出ました。その時くれたAさんの手紙の一部《いちぶ》です。

「おいも、おいしかって、よかったですね。わたしは、もう、うれしなみだがながれました。ありがとう。ここにあるほんをよんで、やさしやさしむすめさんになって、おやこうこうしてくださいね。しあわせをかげながらいのっています」という手紙でした。……

そしてAさんがくださった手紙の一番最後《さいご》には、

「かわいいまごのりえこさん」

と書いてありました。それから、その手紙の返事を書きました。けれど、まだ出してありません。その手紙に「やさしいおばちゃんのAさん」と書いてあります。……

私《わたし》は、この作文を読んで、心を打《う》たれました。何と心のやさしい理恵子さんでしょう。そのやさしさに老人ホームのAさんはどんなに感動《かんどう》したことでしょうか。

「思いやり」は仏《ほとけ》さまのお心です。家庭でも、学校でも、みんなが思いやりをもって、お互いに喜びあい、なかよくしていきたいものです。

（藤枝宏壽）

たていと

県立歴史博物館《けんりつれきしはくぶつかん》で、以前《いぜん》、「古代《こだい》の人々の織物《おりもの》」という展示《てんじ》がありました。百本ほどのたて糸が五メートルほどの長さに張《は》ってあり、それを簡単《かんたん》な道具《どうぐ》で一本おきに持《も》ち上《あ》げ、交互《こうご》に横糸《よこいと》を通しては締《し》めていくという、今と原理は同じです。長い時間をかけて織《お》り上《あ》げたのでしょう。そこに、こんな意味《いみ》の言葉《ことば》が添《そ》えてありました。

「たて糸に笑《わら》うものは、横糸に泣《な》く」と。

「たて糸を張るときに手抜《てぬ》きをすると、横糸がうまくいかず、良《よ》い織物ができない。泣くほど苦労《くろう》しても、たて糸をしっかり張っておくと、自然《しぜん》に横糸を通すことができ、立派《りっぱ》な織物が仕上《しあ》がる」という意味なのでしょう。

「たていと」は、国語辞典《じてん》では、「経《けい》・縦糸《たていと》」という漢字《かんじ》が充《あ》ててあります。「経」はまた「経《きょう》」とも読みますが、お釈迦《しゃか》さまが話されたことを書きとめたもので、私《わたし》たちの人生の道筋《みちすじ》ともなるものです。お釈迦さまの教えを聞き、自分を見つめることで、私たちはあるべき姿《すがた》を心に描《えが》き、人生という織物を美《うつく》しく織り上げてゆくことができます。道筋のあやふやな人生は、脇道《わきみち》に逸《そ》れやすく、後悔《こうかい》ばかりの人生となります。

「布《ぬの》のたとえの経《きょう》」というお経があります。お釈迦さまのお話です。

「ここによごれた布があるとしよう。染物工《そめものこう》がそれを美しい染料《せんりょう》の入った染壺《そめつぼ》に浸《ひた》したとしても、美しい布には染め上がらないであろう。そのように弟子《でし》たちよ、もし汝《なんじ》の心がよごれていたならば、良い結果《けっか》は期待《きたい》できない。清《きよ》らかな布があって、美しい染料に浸したならば、美しい布に染め上がるであろう。汝の心が清らかであれば、良い結果が期待できるであろう」と。

厳《きび》しいお言葉ですね。しかし、お釈迦さまは続《つづ》けて次《つぎ》のように話されます。

「貪《むさぼ》りは心のけがれであると知って、つつしむがよい。いかりは心のけがれであると知って、反省《はんせい》するがよい。よごれた布も、清らかな水に入れて洗《あら》われるとき、清らかな布となる」と。

良かったですね！


（北條紘文）

いのちの重さ

いのちの重さ

皆《みな》さんは、普段《ふだん》の生活の中で「いのち」の重《おも》さについて感《かん》じたことがありますか。それを説《と》いたジャータカ物語《ものがたり》の中から「いのちの天秤《てんびん》」というお話をしたいと思います。

昔々《むかしむかし》、インドの国にシビ王という心のやさしい王さまが住《す》んでいました。

あるとき、シビ王のところに鷹《たか》に追《お》われた鳩《はと》がやってきて、助《たす》けてくださいと命《いのち》ごいをしました。

すると、鷹がシビ王に向《む》かって、「私はお腹《なか》が減《へ》って、鳩を食べないと死《し》んでしまいます。王さまは、鳩のいのちと私《わたし》のいのち、どちらが大切だと思っているのですか？」と尋《たず》ねました。

そこで、シビ王は鷹のいのちも大切だと思い、自分の体の肉を鷹にやろうと思いました。

そして、鳩と同じぐらいの重さの分だけ自分の肉を切り取《と》り、天秤の上に置《お》きました。

するとどうでしょう。天秤は傾《かたむ》いたままです。鳩の方が重いのです。そこでまたシビ王は自分の肉を切って載《の》せました。でも天秤は動《うご》きません。どうしてだろう？……

そのときシビ王は「はっ」と気づきました。今度《こんど》は自分の体全部《ぜんぶ》を天秤に載せました。自分の「いのち」のすべてを与《あた》えたのです。すると天秤は均衡《きんこう》になり、鳩のいのちは救《すく》われました。

これを見ていた帝釈天《たいしゃくてん》（インドの神《かみ》さま）は、シビ王の体の傷《きず》をもとのように癒《いや》し、心から敬《うやま》ったということです。

このお話で大切なのは、シビ王が「いのち」の重さ・尊《とうと》さは、鳩も人間も同じだということに気づいたことです。

私《わたし》たちは、知らないうちに人間以外《いがい》の「いのち」を軽《かろ》んじてしまうことがあります。また、人間同士《どうし》であっても、自分の都合《つごう》によって、その「いのち」の重さを勝手《かって》に決《き》めつけたりもします。

今、私が生きているこの「いのち」は、私と同じ重さの他《ほか》の「いのち」によって生かされているのです。どの「いのち」もすべて同じように尊い「いのち」であることに、今一《いち》度《ど》気づかせていただきましょう。

（下川明秀）

くやしさ

二〇一〇年、バンクーバー冬季《とうき》オリンピックで、川口悠子《かわぐちゆうこ》さんが、ロシア代表《だいひょう》として、フィギュアスケートペアに出場しました。前半のショートでは息《いき》の合った華麗《かれい》な演技《えんぎ》で三位《い》となり、メダルが有望視《ゆうぼうし》されていましたが、フリーでは、出演《しゅつえん》直前にコーチから四回転《かいてん》ジャンプを三回転に変更《へんこう》するように言われ、「頭を切りかえられなかった」と、ミスの多い演技になってしまいました。

単身《たんしん》ロシアに渡《わた》り、スケートの楽しさに目ざめ、この日のために張《は》り切《き》っていたのに、くやしさを味《あじ》わうことになりました。

しかしオリンピックでは、栄光《えいこう》のうれし涙《なみだ》の一方で、多くのくやし涙が流《なが》されたことでしょう。

スポーツだけでなく、私《わたし》たちの日常《にちじょう》生活でも、人生でも、小さなくやしさから大きなくやしさまで、くやしさを離《はな》れて生きることはできません。事故《じこ》や病気《びょうき》や、世《よ》の中《なか》の理不《りふ》尽《じん》なことに出遇って、整理《せいり》のつかない気持《きも》ちをずっと引きずらねばならないこともあるでしょう。

お釈迦《しゃか》さまは「人間は誰《だれ》でも、楽しいことは楽しい、苦《くる》しいことは苦しい、悲《かな》しいことは悲しい。だが、一番不幸《ふこう》なことは自分を見失《みうしな》うことである。仏《ほとけ》さまの教えを聞く者《もの》は、楽しみを受《う》けてもおごることなく、苦しみを受けても、自分を見失うことがない」と教えておられます。

「仏の心とは大慈悲《だいじひ》である。あらゆる手だてによって、すべての人々を救《すく》う大慈の心。人とともに病《や》み、人とともに悩《なや》む大悲の心である。ちょうど子を思う母のように、しばらくの間も捨《す》て去《さ》ることなく、守《まも》り、育《そだ》て、救い取るのが仏の心である。おまえの悩みは私の悩み、おまえの楽しみは私の楽しみと、かたときも捨てることがない」というお釈迦さまの教えが、私は大好《だいす》きです。

どんなにつらいときでも、「み仏さまがいっしょ。み仏さまはわかってくださる。み仏さまが私の苦しみを分かち支《ささ》えていてくださる」と思うと、ずいぶん心が安《やす》らぐのです。

（北條紘文）

「おかあさん」

まず、次《つぎ》の詩《し》を読んでみてください。

おかあさん　　　　　　　　　　　小学三年　古旗裕子

私《わたし》のおかあさんは　　私が学校から帰《かえ》ると
「おかえりなさい」と　　いつもにっこりしながら
いってくれる。
どんなおもしろくないことが　　あっても
「おかえりなさい」　　ということばで
もりもりと元気になる。
おかあさんの「おかえりなさい」　　ということばを
日本じゅうの三年生に　　きかせてやりたいなあと
いつも私は考える。

（佐藤浩編『童顔の菩薩たち』ぱるす出版）

なんとすばらしい詩でしょう。なんと心のあたたかいお母さんでしょう。なんと幸《しあわ》せな裕子《ゆうこ》さんでしょう。こんなにも大きな力をもっているのですね、「おかえりなさい」のひと言《こと》が。

きっと、皆《みな》さんのお母さんやお家《うち》の人も「おかえりなさい」とやさしく迎《むか》えてくださるでしょう。学校から帰ってくるのを待《ま》っていてくださるのです。

朝は朝で、こんどは、学校の先生が皆さんの登校《とうこう》を待っていて、「お早う」と言ってくださいます。ほかの友だちも、会うのをたのしみに待っていたから、「お早う」とあいさつしてくれます。待たれているのだと思うと、元気が出ます。励《はげ》みが出ます。がんばろうという気になります。少しぐらいつらいことがあってもがまんできます。そして「おかえりなさい」「お早う」の声を聞くと、知らぬまに心が明るくなります。声をかけるということはとても大切なのです。

皆さんも、大きな声で「いってきます」「お早うございます」「ただいま」と、声をかけてください。心が伝《つた》わります。だまって出入りするのは「どろぼう」です。

「おかあさん」というすばらしい詩を「日本じゅうの人にきかせてやりたいなあ」と思ってご紹介《しょうかい》しました。

（藤枝宏壽）

そのとき君はどうする？

太郎《たろう》と次郎《じろう》が森の中で遊《あそ》んでいると、突然熊《とつぜんくま》が襲《おそ》ってきました。危険《きけん》を感《かん》じた二人のうち、太郎はすばやく傍《そば》の木によじ登《のぼ》りましたが、次郎はとり残《のこ》されてしまいました。熊は死《し》んだものには興味《きょうみ》を示《しめ》さないと聞いていた次郎は、とっさにその場に倒《たお》れて息《いき》をひそめました。熊は、次郎の身体《からだ》をくんくん嗅《か》いでいましたが、そのまま立《た》ち去《さ》りました。こうして二人とも助《たす》かりました。

「君《きみ》がもし太郎だったら、そのときどのような行動《こうどう》をとったかな？」

これは、私《わたし》が中学校入学のときの面接試験《めんせつしけん》の問題《もんだい》でした。そのとき私は、「何とかして、二人いっしょに避難《ひなん》します」と答えました。試験官《しけんかん》の先生はそのとき、軽《かる》くうなずかれたように記憶《きおく》しています。正解《せいかい》だったのでしょうか。当時は戦争《せんそう》の最中《さいちゅう》でしたから、「自分のことよりも、みんな力を合わせよう」が合言葉《あいことば》でありました。

以前東京で、「ホームから転落《てんらく》した女の人を助けるために自分も線路《せんろ》に跳《と》びおり、女の人をレールの間に寝《ね》かせ、自分もホームの隙間《すきま》に寄《よ》って、二人とも助かった。電車が来るまでの時間はわずか一分だった」というニュースがありました。暗《くら》いニュースが多い昨今《さっこん》、本当に心を打《う》つ、感動的《かんどうてき》なニュースでした。

さて皆《みな》さん、先のお話で、もし君が太郎の立場《たちば》だったら、君の行動はどうでしょうか。悲しく情《なさ》けないけれども、今の私は特別《とくべつ》の場合を除《のぞ》き、はやり太郎と同じ行動をとると思います。そのような行動しかとれないこの私。私は、仏《ほとけ》さまの前で手を合わせ頭を下げて、仏さまのお心に導《みちび》かれて生きるという、親鸞《しんらん》さまの教えを大切にしています。

なお、このお話には、「そして熊は次郎の耳元《みみもと》で、『我《わ》れ先に逃《に》げる者《もの》は、本当の友達《ともだち》ではないよ』とささやいた」という一文がつけ加《くわ》えられています。

（佐々木俊雄）

「値段」と「値打ち」

ある日曜日、お昼ご飯をいただきながら、「なんでも鑑定団《かんていだん》」というテレビ番組を見ていました。

「汚《きたな》いお皿《さら》が出てきたぞ。あんなものきっと千円もしないだろう」と思って見ていると、ヒゲの鑑定師《し》が出てきて、「いやー、いい仕事《しごと》してますねー。これは恐《おそ》らく○百年前、九州《きゅうしゅう》の○○で焼《や》かれたものに間違《まちが》いありません。それにしても、このようなものがよくぞ今まで遺《のこ》っていましたねー。大事《だいじ》にしてくださいよ」と言って、○百万円の値段《ねだん》がついたのです。大喜《おおよろこ》びする出品者《しゅっぴんしゃ》を見ながら、私《わたし》はこんなことを考えていました。

「値段＝①現物《げんぶつ》の値段＋②その物《もの》のもつ値打《ねう》ち」かなあ。いやいや①は大したことがなくても、②がしっかりしていれば、それはそれで大したものになるのだなあ、などと。

いつか読んだ本に、こんなことが書いてありました。たしかアメリカのお医者《いしゃ》さんだったと思いますが、人間の体を科学的《かがくてき》に分析《ぶんせき》して、人間はどれくらいの量《りょう》の、何からできているかということを調《しら》べました。すると、体の大きさにもよりますが、普通《ふつう》の大人で大体三七リットルの水と、石鹸《せっけん》六個《こ》分の脂肪《しぼう》と、あと炭素《たんそ》・石灰《せっかい》・マグネシウム・鉄《てつ》・硫酸《りゅうさん》などでできていて、これらをお金で計算すると、どんなに高く見積《みつ》もっても千円もしないそうです。もともと千円もしないものが、何万円もする洋服《ようふく》や靴《くつ》をはいて歩いているのかと思うと、何だかおかしいですね。しかもこれは、大臣《だいじん》も博士《はかせ》もあなたも私も、①の物としては千円程度《ていど》までということ。

「いや！　そんなの絶対いや！　千円どころかお金じゃ買えない、値段なんかつけられない大事な大事な私のたった一つの命《いのち》なんだから」と絶叫《ぜっきょう》したい思いですね。それなら値段ではなく、②私の命の値打ち、人間として生きることの値打ちを「仏教《ぶっきょう》」（お釈迦《しゃか》さまの教え）の中に問《と》うてゆきましょうね。

（安野龍城）

「お月様が」

〝まんまるお月様《さま》の夜に、父と子がスイカを盗《ぬす》もうとしている。
父が「だれも来ないかまわりを見ていろ」と子にいうと
「だれも見てないけどお月様が見ていなさるよ」と子はいった。〟

この話を聞いて私《わたし》は、子供心《こどもごころ》にだれも見ていなくても、悪《わる》いことはしてはいけないと思ったものでした。

日曜学校に行かせてもらったおかげ様で、苦《くる》しいことなどたくさんありましたが、この年まで生かされているのだと思います。感謝《かんしゃ》の毎日です。ありがとうございます。

こう書いている吉田《よしだ》さきのさんは今九十五歳《さい》。子どものころ日曜学校でもらったカードに載《の》っていた話を今まで忘《わす》れずにずっと胸《むね》にだきしめてきたのです。だから明るく正しい生き方をしてこられたのでしょう。とても明るく、おだやかな顔をしておられます。

インドに倶生神《くしょうじん》という二人の神《かみ》さまの話があります。人間が生まれてくると同時に生まれ、人間の眼《め》にはみえないけれど、その人の左肩《かた》に乗《の》っていて、その人の善《よ》い行いをすべて記録《きろく》するのが「同名《どうみょう》」という男の神です。また右肩に乗っているのが「同生《どうしょう》」という女の神で、悪い行いをぜんぶ記録します。そして、その人が死《し》んだとき、生きていたときにした善い行い、悪い行いの記録をぜんぶ閻魔大王《えんまだいおう》に報告《ほうこく》し、閻魔大王は報告をもとにその人を裁《さば》くのだそうです。

だれも見ていないと思っても、ちゃんと見ているものがいます。お月さまかもしれないし、倶生神かもしれません。

また中国のことわざでは「天知る、地知る、我《われ》知る、人知る」ともいいます。天や地の神さまが知っている、見ているだけでなく、第一《だいいち》やっている自分自身《じしん》が知っているし、それを見ている相手も知っているというのです。

正直なのが一番大切だということが、よくわかりますね。

（藤枝宏壽）

代わることはできないけれど

ある日のことです。顔の正面《しょうめん》についている目と鼻《はな》と口が、おしゃべりを始《はじ》めました。

目「鼻さんはいいなあ。いつもおいしいご馳走《ちそう》のにおいがわかるから。私《わたし》なんかただ見ているだけ、つまんないなあ」

鼻「私なんかにおいだけで、一つも食べられないのよ。口さんはいいなあ、おいしいご馳走一杯《いっぱい》食べられて」

口「何言ってるのよ。口の中へドンドンほうり込《こ》まれたっておいしくも何ともないのよ。味《あじ》は舌《した》さんがわかるんで、私はただ噛《か》むだけ」

すると顔の下の方から声がしました。足さんです。

足「オーイ、あんたたち、何文句《もんく》ばかり言っているの。あんたたちはいいよ。朝一番に顔洗《あら》ってもらって、お化粧《けしょう》までしてもらって。僕《ぼく》なんか一日中あんたたちや重《おも》い体を支《ささ》えてトコトコ、トコトコ。たまったもんじゃないよ」

目「そんなことないよ、足君。私なんか一度《いちど》だってお風呂《ふろ》、入ったことないんだよ」

鼻　「そうそう、足君なんか体中で一番先にお風呂に入って、一番最後《さいご》までゆっくりつかっているじゃない」

口　「私も一遍《いっぺん》、お風呂入りたーい」

お釈迦《しゃか》さまは、「お互《たが》い、相手《あいて》をうらやましがって、文句ばかり言っているのは、心の病気《びょうき》です。お互い、代《か》わることはできないけれど、青は青のまま、黄は黄、赤は赤、白は白のまま、それぞれが輝《かがや》くように生きるのですよ。たとえどんな私であっても、世界《せかい》でたった一人の私なのです。人のことをうらやましがるのは、自分の値打《ねう》ちに気づいていないからです」と教えられました。

（安野龍城）

ぐち

「愚痴《ぐち》」と書きます。

「ぐちをこぼす」という言葉《ことば》を聞いたことがあるでしょう。国語辞典《じてん》には「言っても仕《し》方《かた》のないことを言って嘆《なげ》くこと」とあります。

人生のことも、日常《にちじょう》のことも、なかなか自分の思い通《どお》りにはならないものです。そこには、悔《くや》しさや辛《つら》さや悲《かな》しみが生まれます。ついそのことばかりに頭が支配《しはい》されそうになります。そんなとき、どうしたらよいでしょう。

いじめや世《よ》の中《なか》の理不尽《りふじん》に遭《あ》ったとき、決然《けつぜん》と抗議《こうぎ》することも必要《ひつよう》でしょう。また、信《しん》頼《らい》できる人に悩《なや》みを聞いてもらうことも、大切なことでしょう。しかし、自分自身《じしん》に対《たい》し、思い出《だ》しては悔しがっていると、ますます辛くなり、出口がなくなります。

「有難《ありがた》や　愚痴より先の　お念仏《ねんぶつ》」紘文

私《わたし》はそんなとき、み仏《ほとけ》さまが「お前の苦しみは解《わか》っているよ。お前はこだわりが強《つよ》いのだね。でも思い通りにならないのが人生なのだよ」と、泣《な》きながら抱《だ》きしめていてくださることに気づかせていただくのです。そして、愚痴をこぼそうとするその口で、「ナモアミダ仏」とお念仏申《もう》させていただくのです。

「アミダ仏」とは、私の自己《じこ》中心《ちゅうしん》の心の中に届《とど》いてくださる、広い広い心の仏さまです。

「ナモ」とはインドの言葉で「信《しん》じ順《したが》う」という意味《いみ》です。

念仏すると不思議《ふしぎ》にも、私の心も少し広く爽《さわ》やかになるのです。辛いことばかりでなく、嬉《うれ》しいこともたくさんあったことに気づいていけるのです。前に向《む》いて進《すす》んでいける気持ちになれるのです。

暗《くら》い気持ちに支配されそうになったとき、み仏さまの声が聞こえてくる、そのようなお育《そだ》てをいただいたことが、有難《ありがた》いのです。嬉しいときも、み仏さまと一緒《いっしょ》です。そして、私のいのちの全体《ぜんたい》が、「幸《しあわ》せになってくれよ」の願《ねが》いの中にあるのです。

「仏の心とは大慈悲《だいじひ》である。あらゆる手だてによって、すべての人々を救《すく》う大慈の心、人とともに病《や》み、人とともに悩む大悲の心である」（『仏説観無量寿経』より）。

（北條紘文）

つながりあって

達也《たつや》「おじいちゃん、あの木の下で小鳥が餌《えさ》を探《さが》しているよ」
祖父《そふ》「雪の中でたいへんだね。うまく見つかるといいがね」
母親「さあ、お昼《ひる》ご飯《はん》にしましょう」
達也「あれっ！　ぼくたちは餌を探しにいかなくてもご飯を食べられるんだね」
祖父「達也、いいことに気がついたね。人間ってありがたいよ。いろんな人のつながりのおかげで食べられるんだからね」
達也「いろんな人って？」
祖父「じゃ、このお魚がこの皿《さら》に載《の》るまでに、どんな人の手を渡《わた》ってきたと思う？」
達也「えぇーと。まず、お母さん。その前はスーパーのおばさん。その前は魚屋《さかなや》さん。それに舟《ふね》で釣《つ》ってきた漁師《りょうし》さん……」
祖父「よくわかったね。まだ他《ほか》に、運《はこ》んできたトラックの運転手《うんてんしゅ》さんや魚市場《うおいちば》の人などもいるけれどね。それにお金を出《だ》してくれたお父さんだって関係《かんけい》があるよ。そのお金のもとは会社の社長さん。それから会社のお客さんだって、みんなつながって、このお魚がお膳《ぜん》についたんだよ」
達也「へぇ。そんなにたくさんつながっているの？」
祖父「つながりといえば　こんな話も聞いたよ。魚は海でもっと小さい魚をたべて大きくなる。小さい魚はプランクトンという小さい生き物《いきもの》を餌にする。プランクトンは、山の木や葉《は》っぱから出る栄養分《えいようぶん》が川に入り、やがて海に流《なが》れてくるので大きくなれるんだとさ。だから、魚は、さっき小鳥がいたそこの木ともつながっていることになるよ」
達也「ふーん。ちょっとわかんないけど、そうなら不思議《ふしぎ》だね。あっ、そうだ、日曜学校の仏教《ぶっきょう》カルタで『いのちはね　つながりあっているんだよ』というのがあった。そのことだね。ありがとう、おじいちゃん」
祖父「そうなんだ。それに、『このいのち　いただきますと　手を合わせ』というのもあったね。さあ、尊《とうと》いお魚のいのちに合掌《がっしょう》。『いただきます』」
達也・母親「いただきます」

（藤枝宏壽）

いただきますはありがとう

私《わたし》の寺にはかなり大きな池があり、そこには三十尾《び》ほどの緋鯉《ひごい》が泳《およ》いでいます。この池は、水飲《みずの》み場《ば》と運動場《うんどうじょう》とそして食堂《しょくどう》とに分かれています。

地下水が流《なが》れこむ「水飲み場」には、冬になると全部《ぜんぶ》の鯉《こい》が集《あつ》まり、身《み》を寄《よ》せ合い、暖《あたた》かい水を飲み身体《からだ》を暖めながらじっと春を待《ま》っています。一方夏には、何尾かの鯉がそこに集まり、冷《つめ》たい水を飲み、暑《あつ》さをしのいでいます。「運動場」は、文字どおり遊《あそ》び場です。鯉の習性《しゅうせい》なのか、かれらはいくつかのグループに分かれ、一列《れつ》に並《なら》んで泳ぎ回っています。寺へ遊びにくる子どもたちとは、決《けっ》して竿《さお》などでいたずらをしないと約束《やくそく》していますので、子どもらの姿《すがた》が見えると鯉は、その足元に泳ぎ寄ってきます。

鯉たちは、餌《えさ》をもらえる時刻《じこく》を知っています。その時刻になると、全部の鯉が集まっています。そこが「食堂」です。ところが、餌を投《な》げ与《あた》えると同時に、あれほど仲良《なかよ》く遊んでいた鯉たちが一転《いってん》、敵《てき》どうしとなり、激しい餌の奪《うば》い合いをはじめるのです。そのすさまじさに、生きようとする鯉のたくましさを感《かん》じる一方、友だちを「敵」にしなければならない悲しさ、あわれさを感じるのです。

さて、皆《みな》さんがご飯《はん》をいただくとき、このような争《あらそ》いがはじまりますか。考えられませんね。それはなぜでしょうか。それは、お父さんやお母さんが一緒《いっしょ》にお箸《はし》を出《だ》さないからです。また、お母さんが、あなたが欲《ほ》しいだけのものをお皿《さら》に取《と》り分けてくれるからです。つまり、みんなのやさしい心に包《つつ》まれ、まもられているからです。

手を合わせて「いただきます」「ごちそうさまでした」ということばには、「皆さんありがとう」というお礼《れい》が含《ふく》まれているのです。

親鸞《しんらん》さまは、これこそ、仏《ほとけ》さまの前で手を合わせ、頭を下げたときに知らされる本当の心ですよ、と教えてくださいました。


（佐々木俊雄）

甚次郎兵衛がゴロゴロ

甚次郎兵衛がゴロゴロ

昔々《むかしむかし》あるところに、ちょっとしたことでも気にしたり、迷《まよ》ったりする甚次郎兵衛《じんじろべえ》という人がいました。

ある日この甚次郎兵衛、大根《だいこん》の種《たね》をまこうと思って畑《はたけ》に向《む》かった。途中《とちゅう》、ホッペをおさえた娘《むすめ》さんに出会ったので、「どうかしたか?」と尋《たず》ねると、娘さんは「虫歯《むしば》が痛《いた》くて痛くて、これから歯医者《はいしゃ》さんへ」と答えた。するとこの甚次郎兵衛、「なに? 虫歯? 縁《えん》起《ぎ》でもない。葉《は》っぱを虫に食われて虫葉になったら大変《たいへん》や。今日は種まきやーめた」と言って、家に帰ってしまったと。

次《つぎ》の日また畑に行くと、隣《となり》の爺《じい》さんがやってきて声をかけた。「朝早うから、はばかりさん」（関西弁で「ご苦労《くろう》さん」という意味《いみ》）と。「なにー? はばかりさん? 大根まいて葉ばかりじゃ、なんにもならんわ」と言って、また種をまかずに帰ってしまった。

次の日は誰《だれ》にも会わんように朝早く出かけた。ところが早起きのお寺の住職《じゅうしょく》が通りかかって、「こんな朝早うから何してなさる？」と聞くものだから、前日、前々日のことを説《せつ》明《めい》した。するとこの住職は大笑《おおわら》いしながら、「そんな根も葉もないことに迷って、どうするんや」と注意《ちゅうい》した。するとこの甚次郎兵衛、「住職さん、それはないやろー、いくら何でも、根も葉もない大根なんて」と、その場に座《すわ》りこんでしまったとさ。

落語《らくご》のような話ですから、あなたもこの甚次郎兵衛を笑うでしょう。でもひょっとして、みんなもこれに近い語呂《ごろ》合わせを気にしたり、あやかろうとしていないでしょうか。受験《じゅけん》期《き》になると、エースコック（英数国）のラーメンや、キットカット（きっと勝《か》つ）、ウカール（受《う》かる）という菓子《かし》や五角（合格《ごうかく》）の鉛筆《えんぴつ》が売れるという。親鸞《しんらん》さまは今から八百年も前に、日の良《よ》し悪《あ》し・吉凶《きっきょう》などに迷わない生き方を教えてくださったのに、まだまだ日本中、甚次郎兵衛がゴロゴロいますね。悲《かな》しいことです。

（安野龍城）

「先生の顔、鬼の顔」

昭和《しょうわ》三十八年の四月、花まつりの行事《ぎょうじ》と共《とも》に始《はじ》めた日曜学校も、来春の四月で、丸五十年を迎《むか》えます。

町内の幼児《ようじ》、小学生全員《ぜんいん》を対象《たいしょう》に、ほとんど毎週、日曜日の午前中に開催《かいさい》して、多くの卒業生《そつぎょうせい》、またそのお子たち、さらにそのお孫《まご》さんたちとも一緒《いっしょ》に過《す》ごせる喜《よろこ》びを改《あらた》めて感《かん》じています。

日曜学校の第一《だいいち》の願《ねが》いは、「ありがとう」の言える子に、優《やさ》しい心を持《も》つ子に、さらに命の大切さのわかる子になってほしいということでしたが、始めたころからは、教育《きょういく》の場も、社会環境《かんきょう》、生活様式《ようしき》も大きく変《か》わりました。しかし、我《わ》が日曜学校の内容《ないよう》は少しも変わることなく、皆《みな》でのお参《まい》りに始まり、子ども向《む》け法話《ほうわ》を聞き、自由遊《じゆうあそ》び、ゲームなど、高学年を中心に進《すす》められます。

また、年間では、四月の新入生迎えの花まつり、夏休みの勉強会《べんきょうかい》、高学年のお泊《とま》り会、遠足、報恩講《ほうおんこう》、冬休みをはさんで除夜《じょや》の鐘《かね》つき、元旦《がんたん》の年賀《ねんが》参り、毎月のお誕生会《たんじょうかい》、三月の京都西本願寺《きょうとにしほんがんじ》への卒業報告参拝《そつぎょうほうこくさんぱい》、卒業生を送《おく》る会と、長く続《つづ》けてこられたことを思いおこしています。

私共《わたしども》は、つねづね子どもたちに、自分のいのちも、友だちのいのちも同じ重《おも》さ、同じように大切だと伝《つた》えています。ところが、子どもたちは、時々遊びの中でけんかを始め、本気でぶつかり合うことがあります。そんなとき、思わず大声がでる。「けんかはダメ！絶対許《ぜったいゆる》しません！」あまりの剣幕《けんまく》にけんかの当人たちより周《まわ》りの子どもまでがシーンとしてしまいます。

「あなたたち、可愛《かわい》い顔しているのに、けんかしているときの顔は二人とも鬼《おに》みたいですっ！」

そのとき叱《しか》られた子の一人が、私の顔をしげしげと眺《なが》め、「先生の顔、本当の鬼みたい！」と言いました。「えっ！」思わず我《われ》に返り、見えなかった我が姿《すがた》に気づき、恥《は》じ入《い》りました。

来春、五十年を迎えるにあたり、我が心に、我が顔に、鬼が宿《やど》らぬよう心がけたいと思っています。

（佐々木清美）

#「幸せ」は「指合わせ」

二〇一一年三月十一日、東日本で大きな地震《じしん》がありました。大津波《おおつなみ》が、人や家・船・車・田畑《たはた》を飲《の》み込《こ》んでゆく恐《おそ》ろしい光景《こうけい》が、まだ瞼《まぶた》の裏《うら》に焼《や》きついています。その上、福島原子力発電所《ふくしまげんしりょくはつでんしょ》での事故《じこ》が重《かさ》なり、放射能汚染《ほうしゃのうおせん》の恐怖《きょうふ》は今なお、広がりを見せています。

そんな中で、夏の甲子園野球《こうしえんやきゅう》が始《はじ》まりました。惜《お》しくも二回戦《かいせん》で敗退《はいたい》した福島県《けん》の選手《せんしゅ》たちが、「こんな情況《じょうきょう》の中にありながら、甲子園でプレーができたぼくたちは、本当に幸《しあわ》せでした」と、涙《なみだ》を流《なが》しながら胸《むね》を張《は》る姿《すがた》をテレビで見ました。応援《おうえん》していた福島県の人たちも口々に「感動《かんどう》を有難《ありがと》う。幸せです。元気をもらいました。明日からまた頑張《がんば》ります」と言っておられました。不満《ふまん》を言えば、日本一たくさんの不満が言えるはずの福島県の人たちが、「幸せ」だと言っているのです。

さて皆《みな》さん、「幸せ」とは何でしょうか。「これが幸せよ」と、見せることも触《さわ》ることもできません。健康《けんこう》で、立派《りっぱ》な家に住《す》んで、たくさんのお金や物《もの》に囲《かこ》まれていても、不幸《ふこう》な人はいっぱいいます。またその逆《ぎゃく》の人も大勢《おおぜい》いるでしょう。

お釈迦《しゃか》さまは、「『有難う』とお礼《れい》の言える心をいつも持《も》っている人が〝幸せ〟なのですよ」と、教えておられます。たとえ病気《びょうき》の中からでも、「有難う、有難う」と思える人は、心が満《み》たされているのです。でもこの「有難う」は、私たちの周《まわ》りにいっぱいあるのですが、なかなか見えてきません。それではどうすれば「有難う」が見えてくるのでしょう。

私は、仏《ほとけ》さまのお話を聞くと同時に、手を合わせることを身《み》につけることだと思います。「幸せ」は「指合《しあ》わせ」です。指《ゆび》と指を合わせて合掌《がっしょう》する形を身につけることで、「有難う」や「おかげ様《さま》」を感《かん》ずることのできる心そのものが、「幸せ」なのでは、と思います。

（安野眞澄）

怨みを親切で返す心

皆《みな》さんは、今も世界《せかい》のどこかで戦争《せんそう》や暴動《ぼうどう》が起《お》きていることを知っていますか。また、身近《みぢか》なところでも喧嘩《けんか》やいじめがあり、怨《うら》み合いの繰《く》り返《かえ》しです。このことを心にとめて、『仏教童話全集《ぶっきょうどうわぜんしゅう》』（福山秀賢編、大法輪閣）にあった「スイカと兄弟」というお話をしましょう。

太郎《たろう》と次郎《じろう》は兄弟です。ある日、お父さんは二人に、畑《はたけ》とスイカの種《たね》を同じように分け、自分たちで立派《りっぱ》なスイカを作るようにいいました。

二人は、畑を耕《たがや》し種をまきましたが、怠《なま》け者《もの》の太郎は畑へ出なくなり、働《はたら》き者の次郎は、毎日畑へ行き、できてきたスイカをかわいがって育《そだ》てました。

ある日、太郎が次郎の畑を見て、ずらりと並《なら》んだスイカに腹《はら》が立ち、その晩《ばん》、残《のこ》らず引っこ抜《ぬ》いて小川に捨《す》ててしまいました。

これを知った次郎は、怒《おこ》って、お父さんにこの話をし、「今夜兄さんの畑のものをみんな引っこ抜いてくる」と言いました。お父さんは「今度《こんど》はお前が怨みの種をまくことになる。すると、腹立ちの実《み》がなり、こっちに仕返《しかえ》しが戻《もど》ってくるぞ。それよりも、誰《だれ》にも気づかれないように、そっと兄さんのスイカを育てておやり」とすすめました。

もともと心の優《やさ》しい弟は、父の言うとおりに毎日太郎の畑へ行き、スイカの世話《せわ》をしました。すると、見事《みごと》なスイカに育ちました。兄の太郎は不思議《ふしぎ》でなりませんでしたが、一番大きなものをお寺の仏《ほとけ》さまに、その次《つぎ》のスイカをお父さんの所《ところ》へ大自慢《おおじまん》で持《も》っていきました。

そのとき、お父さんは涙《なみだ》を流《なが》して、「太郎、まだ気がつかないのかい。怠け者のお前に代《か》わって、次郎がお前の畑の世話をしたのだよ。怨みを親切で返《かえ》したのだ」と諭《さと》しました。太郎はもう顔も上げられず、次郎の前に両手《りょうて》をついて謝《あやま》りました。それから、この兄弟は仲良《なかよ》く暮《く》らしたということです。

皆さん、どう思いますか。「怨みを親切で返す心」にはなかなかなれませんね。でもそれが仏さまの大きなお心なのです。そういう大きなお心だから、私たちは救《すく》われるのです。

毎日、仏さまにお参《まい》りして、感謝《かんしゃ》しましょう。

（下川達江）

ピーコのお経

ずいぶん前のことですが、幸夫君《ゆきおくん》・道雄君《みちおくん》のお母さんが「昨日こんなことがあったのですよ」と涙《なみだ》ながらに次《つぎ》のようにお話ししてくださったことを思い出します。

幸夫と道雄が大事《だいじ》に育《そだ》てていたリスのピーコが突然動《とつぜんうご》かなくなってしまいました。二人の落胆《らくたん》ぶりを見かねたお父さんは、みんなで庭《にわ》に埋《う》めてやろうと言いました。庭に出て、お父さんが穴《あな》を掘《ほ》り、幸夫と道雄はわらを敷《し》き、その上にピーコをのせて、二人が手折《たお》ってきた草花を散華《さんげ》のようにまき、ピーコを花で飾《かざ》ってやりました。

そしてお父さんが土をかけようとしたときのことです。幸夫が、「お父さん、ちょっと待《ま》って。ピーコも死《し》んだら仏《ほとけ》さんの所《ところ》へ行くんだから、お経《きょう》をあげなくちゃ。おい、道雄、来い」と言って家へ飛《と》んで入《はい》り、日曜学校で使《つか》っている白いお数珠《じゅず》とお経の本を持《も》って戻《もど》ってきたのです。私たちはとても驚《おどろ》きました。しかし、なかなかお経を始《はじ》めません。「どうしたの?」と聞くと、「母ちゃんら、みんながそばにいるとやりにくいな」と言うので、私たちは家の中に入り、台所《だいどころ》の窓《まど》からそっと様子《ようす》をながめていました。

すると、二人は両手《りょうて》に数珠をかけ、ペコっと拝《おが》んでから、「ひかりといのち　きわみなき　あみだほとけを　あおがなん」と大きな声でお経を読み始めたではありませんか。あのわんぱくの子たちが、よくもまあ、こんなにやさしい心をもってくれたとは……と、思わず涙が出てきました。

お経が終《お》わるとそっと土をかけて、もう一度《いちど》「ナムアミダブツ」と称《とな》え、二人はピーコのお葬式《そうしき》を済《す》ませたのです。

私はもう、嬉《うれ》しくて、嬉しくてなりません。このようになったのも、日曜学校へ行かせてもらったおかげです。一番先にご報告《ほうこく》に来ました。

あの幸夫君、道雄君たち、今ごろは、それぞれお父さんになって、自分の子どもたちに、ピーコの話、仏さまの話をしていることでしょう。

お盆《ぼん》になると、よく思い出す話です。


（藤枝正子）

安心という名の薬

今年は、インフルエンザが流行《はや》って、私《わたし》の周《まわ》りの人たちも次々《つぎつぎ》と感染《かんせん》しました。私も、微熱《びねつ》と咳程度《せきていど》でしたが、医者《いしゃ》に行き、五日分の薬《くすり》をもらいました。夕食後にまず一錠《じょう》飲《の》みましたが、そのころから熱《ねつ》が上がり、寝床《ねどこ》に入っても咳がひどくて眠《ねむ》るどころではありません。本当に苦《くる》しいものです。

でも、どこかに安心感《あんしんかん》がありました。「医師《いし》に診《み》てもらった。そしてお薬がいただいてある」という安心感です。幸《さいわ》いにも、そのうち咳も治《おさ》まって、眠ることができました。

私たちの人生は、喜《よろこ》びや楽しみも少なくないと思いますが、苦しみ悲《かな》しみも避《さ》けて通ることはできません。老《お》いる苦しみ、病《や》む苦しみ、死《し》への恐怖《きょうふ》、愛《あい》する者《もの》との別《わか》れ、憎《にく》い者とも《とも》場を共にする苦しみ、願《ねが》うとおりにならない苦しみ。その他《ほか》、さまざまな苦しみがあります。どれがどれより軽《かる》いというのではなく、それぞれその人にとって今直面《ちょくめん》している苦悩《くのう》は、絶対的《ぜったいてき》な重《おも》さをもっているのでしょう。

しかし、私の苦悩にしっかりと向《む》き合《あ》って、何とかして助《たす》けてやろうと関《かか》わり果《は》ててくださる名医《めいい》があり、薬を仕上《しあ》げていてくだされば、私はたとえ苦悩の中にあっても、「苦しい。でも大丈夫《だいじょうぶ》」と安心感をもって歩んでゆくことができます。

アミダ仏《ぶつ》という仏《ほとけ》さまは、「おまえの苦悩は私の苦悩。おまえの喜びは私の喜び。私がいるよ。安心しなさい！」と私を呼《よ》んでいてくださる仏さまです。私は、その呼び声を心に聞くと、悲しみや苦しみの中でも、癒《いや》され慰《なぐさ》められ励《はげ》まされるのです。そして、「有難《ありがと》うございます。ナモアミダブツ」とお念仏申《ねんぶつもう》します。ナモとは、「まかせよ」という呼び声であり、「ありがとう」という返事《へんじ》なのです。アミダ仏は、苦悩多い人生を歩ませていただく私にとって、最高《さいこう》の名医であり、「ナモアミダブツ」というお念仏は、私にとってこの上ない妙薬《みょうやく》なのです。

（北條紘文）

精進日

私《わたし》は毎月の親鸞《しんらん》さまのご命日《めいにち》（十六日）や、父母の命日を、魚や肉を食べない精進日《しょうじんび》にしています。精進とは、「悪《わる》いことをするな、善《よ》いことに励《はげ》め、まずは自分の心懸《が》けから」との仏《ほとけ》の教えに基《もと》づいて努力《どりょく》することです。生きものの生命《いのち》を奪《うば》うことを殺生《せっしょう》といい、お釈迦《しゃか》さまが強く戒《いまし》められました。そして反対《はんたい》にそれらの生命を助《たす》けることこそ善《ぜん》だとされました。山の中で修行《しゅぎょう》をする山伏《やまぶし》は杖《つえ》を持《も》っています。その杖の先には丸い輪《わ》がついていて、歩くたびに音を出《だ》します。その音によって足元の虫を逃《に》がし、踏《ふ》みつける殺生を避《さ》けるのです。でも私たちの毎日の生活で、完全《かんぜん》な殺生なしの生活はとてもできません。それで、せめて精進日を設《もう》けて、殺生を慎《つつし》むのです。

大関尚之《おおぜきしょうし》先生の画劇《がげき》『親鸞さま』に、北条《ほうじょう》泰時《やすとき》がお坊《ぼう》さん方にお食事《しょくじ》を出したとき、親鸞さま一人だけお袈裟《けさ》を着《つ》けたままでした。そのわけを尋《たず》ねると、「昔《むかし》からお坊さんは、魚や肉は食べてはいけないことになっていました。けれども私のような愚《おろ》か者《もの》は、魚や肉を食べずにいても、他に悪いことを知らず知らずにしているのです。そこで仏さまの着けておられたお袈裟をかけて、拝《おが》む気持《きも》ちでお魚をいただいているのです」と言われた。

とあります。お客《きゃく》の立場と精進の心とがよくわかります。

秋が深《ふか》まり、長い間、心を和《なご》ませてくれた草花を始末《しまつ》します。そのとき、「ごめん、生命を絶《た》って」という言葉《ことば》が出ます。仏さまにお供《そな》えするために草花を切るときも同じです。動物《どうぶつ》だけでなく、植物《しょくぶつ》にも生命があることに気付《きづ》くのです。いただく米や菜《な》っ葉《ぱ》にも生命があるのです。そしてその生命によって生かされる私は、「飯《めし》を食《く》う」とは言えません。手を合わせて「ご飯《はん》をいただく」のです。それが精進日の過《す》ごし方《かた》だと思います。

（佐々木俊雄）

慈悲の心

ジャータカ物語《ものがたり》の中から「鹿王《しか》の願《ねが》い」というお話をしたいと思います。

昔々《むかしむかし》、ある森に黄金色《こがねいろ》に輝《かがや》く二頭の鹿が住《す》んでいました。かれらはニグローダとサーカといって、それぞれ五百頭の鹿を従《したが》えた鹿の王でした。

一方、その森がある国の王さまは、鹿を食べるのが大好《だいす》きで毎日のように鹿狩《が》りをしていました。そこで、ニグローダとサーカは、仲間《なかま》を殺《ころ》さないように頼《たの》みに行きました。すると、王さまは、「毎月、一頭ずつ差《さ》し出《だ》せば、それで許《ゆる》してやろう」と言いました。ニグローダとサーカは相談《そうだん》して、「それでほかの鹿が安心《あんしん》して暮《く》らせるなら、仕方《しかた》がない」と、それぞれの群《む》れから、かわるがわる犠牲《ぎせい》となる鹿の順番《じゅんばん》を決《き》めました。

しばらくして、サーカの群れの中の、ある母鹿の番がやってきました。母鹿は「今月は私《わたし》の番ですが、私のおなかには来月生まれる赤《あか》ん坊《ぼう》がいます。この子が生まれるまで誰《だれ》かに順番を代わってもらえませんか」と、泣《な》きながらサーカに言いましたが、サーカは決まりだからダメだと言って聞き入れませんでした。母鹿は、仕方なくニグローダに相談に行きました。ニグローダは母鹿の願いを聞き入れ、自分が犠牲になろうと決心《けっしん》しました。

王さまへ鹿を差し出す日になりました。王さまと家来《けらい》に向《む》かって、一頭の鹿が遠《とお》くから近づいてきます。

「今月の鹿がやってきたぞ、さあ弓矢を射《い》よ！」

やがて鹿に矢が当たり、その倒《たお》れた鹿を見て王さまはびっくりしました。あのニグローダだったのです。瀕死《ひんし》の鹿に王さまは聞きました。

「お前は鹿の王なのに、なぜ自分が殺されにやってきたのだ？」

「今日は来月赤ん坊が生まれる母鹿の番だったのです。わが子を助けたいという母鹿を見殺しにするわけにはいきません」

そう言って死んでゆくニグローダの姿《すがた》を見て、王さまは深《ふか》く心を打《う》たれ、それ以後《いご》、二度と鹿狩りをしなくなったということです。

このニグローダが、お釈迦《しゃか》さまの昔々のご修行《しゅぎょう》中のお姿だったといいます。

（下川明秀）

水をかけた少年

十年ほど前、『大乗《だいじょう》』という雑誌《ざっし》に載《の》っていた話が忘《わす》れられません。

ある高校でのこと、一年生の英語《えいご》の授業《じゅぎょう》中です。一人の男子生徒《せいと》（A君）が急《きゅう》に立ち上がって教室を出ていったかと思うと、間もなくバケツを持《も》って戻《もど》ってきて、前の席《せき》の女の子の頭の上からざんぶと水をかけ、全身《ぜんしん》びしょ濡《ぬ》れにしてしまいました。

先生は驚《おどろ》いて、すぐに女の子に着替《きが》えをさせます。そして、男の子になぜ水をかけたのかと、訳《わけ》を問《と》うのですが、一言《ひとこと》も返事《へんじ》をしません。みんなの前では言えないのかと思い、授業が終《お》わってから職員室《しょくいんしつ》で尋《たず》ねましたが、ここでも頑《がん》として口を割《わ》りませんでした。

二年後、家の都合《つごう》で、A君は転校《てんこう》することになりました。最後の登校日《とうこうび》、当時《とうじ》の英語の先生が話しかけました。

「君ともこれでお別《わか》れだね。君の同級生《どうきゅうせい》も間もなく卒業《そつぎょう》していく。みんなお別《わか》れだ。その前にぜひ聞いておきたいのだが、あのとき君はなぜ水をかけたのかね。よかったら教えてくれないか」

「先生、実《じつ》はあのとき、彼女《かのじょ》は落《お》ち着《つ》きがなく、身体《からだ》がかすかに震《ふる》えていました。よく見ると椅子《いす》の下がかなり濡れているのが見えたのです。それで水をぶっかけたのです」

先生はやっと訳がわかり、そして感動《かんどう》しました。あの事件《じけん》の後、クラスでは乱暴者《らんぼうもの》と思われていたA君に、このような深《ふか》い思いやりがあったとは！

かわいそうな女の子を助けてやろうと思ったのは美《うつく》しい「思いやり」の心ですが、さらにそれは、どうしたらクラスのみんなの中で女の子に恥をかかさずに助《たす》けられるかをよく考えた、「深い知恵《ちえ》」のある行為《こうい》だったのです。しかも、自分が悪者《わるもの》になって、平気《へいき》でいた広い心に先生は感心《かんしん》したのでした。

仏《ほとけ》さまも、私たちに「深い思いやり」をかけて救《すく》ってくださいます。智慧《ちえ》ある慈悲《じひ》の仏さま・阿弥陀仏《あみだぶつ》の「深い思いやり」をナムアミダブツといただきましょう。

（藤枝宏壽）

越前水仙とリンゴ

この年も一人の老人《ろうじん》が大雪をかき分けながら、越前海岸《えちぜんかいがん》から水仙《すいせん》の花を届《とど》けてくれました。老人は開口一番《かいこういちばん》、「今年の冬は寒《さむ》さが厳《きび》しいので、いつもの年より香《かお》りが強いです」と声を弾《はず》ませます。私《わたし》は「この大雪の中を、毎年毎年ありがとうね。ところで寒さが強いと、水仙の香りも強くなるんですか」と尋《たず》ねました。すると老人はニコニコしながら、「そうです。あったかい冬の水仙はだめです。水仙は冷《つめ》たい北風に当たれば当たるほど、いい香りになります。それが本物《ほんもの》の越前水仙です」と言って胸《むね》を張《は》っていました。

そんな会話をしながら、私はいつか読んだ福井《ふくい》新聞のコラムのことを思い出《だ》していました。それは、コラムの筆者《ひっしゃ》が青森県《あおもりけん》を訪《たず》ねたときに、リンゴ売りのおばさんからおいしいリンゴの選《えら》び方《かた》を教わるというものです。「あのね、人はリンゴを選ぶとき、艶《つや》のある形のいいものを選ぶけど、本当においしいリンゴは、少し傷《きず》がついているような方が甘いのよ」と、教えられていたように記憶《きおく》しています。

水仙は寒風《かんぷう》に吹《ふ》きつけられながら、その香りを増《ま》します。傷ついたリンゴはその傷を癒《いや》そうと必死《ひっし》にもがきます。そのもがきが甘味《あまみ》を高めるのです。

何だか人間も同じような気がしないでしょうか。私の周囲《しゅうい》には、実《じつ》に大勢《おおぜい》の人たちがいます。でもその一人一人が、いろいろな悩《なや》みや苦《くる》しみをかかえています。お釈迦《しゃか》さまが言われたように、人間は生まれた瞬間《しゅんかん》から「苦《く》」の連続《れんぞく》の中にあり、「言うこと無《な》し」などという人は一人もいないのかもしれません。

皆《みな》さんもこれから大人になっていく中で、いろいろなつらいこと、悲《かな》しいことに出会うでしょう。でも「苦」が「苦」のまま終《お》わらない、「悲《ひ》」が「悲」のまま終らない生き方があることを覚《おぼ》えておいてください。越前水仙は寒風の中で、その香りを高めながら「凜《りん》」と咲き、リンゴは傷つきながらもその糖度《とうど》を高めていくのだということを、記憶《きおく》のどこかに止め、一つ一つを乗《の》り越《こ》えるエネルギーにしてください。


（安野龍城）

あとがき

自坊のつづきに幼稚園があります。お寺（真宗寺院）の幼稚園ですから、ホールや各保育室には仏さまがおられます。子どもたちは、毎日のお参りや入園式、花まつり、卒園式などの行事や日常の活動を通して、お育てを受けています。私は、そのような日ごろの子どもの姿の写真も撮っています。

「子どもたちに、仏さまのお心を伝えたい。一緒にやりましょう」と、熱心な藤枝宏壽先生のお誘いを受けて、仲間に加えていただいたのが十年前でした。

呼びかけに賛同して集まった十名が、回を重ねて、まずできたのが『ほとけのこ　いきいきカルタ』でした。「仏の子を育てる会」という素敵なネーミングのもと、二番目には『いのちを見つめる紙芝居』（七巻）もできました。

仏の子どもを育てたいという、会員に共通の思いが少しずつ形になって、今回子どものための法話集がまとまりました。会員の皆さんが、それぞれの視点から書かれた三十八篇

には、仏の心・教えが種々の彩りとなって現れていて、私の心にも深く届くものばかりです。

青い色には青い光、黄色には黄色の光、赤い色には赤い光、白い色も、緑も、橙色も、それぞれに美しい色です。中村元先生は、いろいろな色が混じった雑色《ぞうしき》を「うるわしき色」と表現されたそうです。この法話集は、大人も子どもも育ててくださる雑色の妙であると思います。

すべての仏の子が、それぞれの色に輝き、世の中が「雑色」にうるわしく彩られていくことを念じてやみません。

北條千鶴子

執筆者紹介（五十音順）

佐々木俊雄	浄土真宗本願寺派	安楽寺	住職
佐々木清美	〃	〃	坊守
下川　明秀	真宗大谷派	順光寺	衆徒
下川　達江	〃	〃	坊守
藤枝　宏壽	真宗出雲路派	了慶寺	住職
藤枝　正子	〃	〃	坊守
北條　紘文	浄土真宗本願寺派	興宗寺	住職
北條千鶴子	〃	〃	坊守
安野　龍城	浄土真宗本願寺派	専應寺	住職
安野　眞澄	〃	〃	坊守

心に響く3分間法話
子どもに聞かせたい法話

二〇一二年一一月三〇日　初版第一刷発行
二〇一九年　五　月二〇日　初版第五刷発行

編著者　仏の子を育てる会
発行者　西村明高
発行所　株式会社　法藏館
京都市下京区正面通烏丸東入
郵便番号　六〇〇-八一五三
電話　〇七五-三四三-〇〇三〇（編集）
　　　〇七五-三四三-五六五六（営業）

装幀　井上二三夫
印刷　立生株式会社　製本　清水製本所

ISBN 978-4-8318-8977-5 C0015